Bibliografische Information der Deutschen Nationalbibliothek:

Die Deutsche Bibliothek verzeichnet diese Publikation in der Deutschen National-
bibliografie; detaillierte bibliografische Daten sind im Internet über http://dnb.d-
nb.de/ abrufbar.

Impressum:

Copyright © 2014 GRIN Verlag, Open Publishing GmbH
Druck und Bindung: Books on Demand GmbH, Norderstedt Germany
ISBN: 978-3-668-01927-0

Dieses Buch bei GRIN:

http://www.grin.com/de/e-book/303461/steuerung-und-kontrolle-von-it-projekten-
in-unternehmen

Lennart Seiffert

Steuerung und Kontrolle von IT-Projekten in Unternehmen

GRIN Verlag

Assignment: Steuerung und Kontrolle von IT-Projekten

von Lennart Seiffert

Inhaltsverzeichnis

Abbildungsverzeichnis

1. Einleitung

Erfolgreiches IT-Management hat sich in den letzten Jahrzehnten schnell zu einem der wichtigsten Erfolgsfaktoren eines Unternehmens etabliert. Viele Unternehmen haben den Wert einer gut funktionierenden IT erkannt und setzen sie als wichtige Unterstützung für Ihren Geschäftsbetrieb ein. Deshalb ist fundiertes IT-Projektmanagementwissen für die in IT-Projekten involvierten Manager absolut unverzichtbar. Ein zentraler Faktor für effektives IT - Projektmanagement ist die Kontrolle und Steuerung. Das vorliegende Assignment beschäftigt sich mit den Aufgaben des Projektmanagements in IT-Projekten. Ziel ist es, die Aufgaben aufzuzeigen und Methoden der Kontrolle und Steuerung für deren Bewältigung darzustellen.

Das Kapitel 1 stellt die Einleitung dar, welche die Aktualität des Projektmanagements in IT-Projekten erläutert. Im Kapitel 2 wird die Bedeutung einiger zentraler Begriffe geklärt, um für den weiteren Verlauf des Assignments eine gemeinsame Verständnisbasis zu schaffen. Im dritten Kapitel werden die Besonderheiten der Steuerung, der Kontrolle von IT-Projekten näher betrachtet und erläutert. Abschließend dazu reiht sich Berichtwesen ein. Aufbauend auf die theoretischen Erläuterungen der Kontrolle und Steuerung folgt im vierten Kapitel zunächst die Vorstellung der zur Bearbeitung dieses Assignments vorliegenden Case Study. Die abschließende Schlussbetrachtung folgt im fünften Kapitel.

2. Grundlagen des Projektmanagements

Zunächst werden die wichtigsten Begriffe definiert, um ein einheitliches Verständnis zu erreichen.

2.1 Das IT-Projekt

Projekte sind Vorhaben, die zeitlich gesehen einen Beginn und ein Ende haben. Sie stellen eine Herausforderung mit Innovationen dar und sie unterliegen keiner Routine. Bezüglich ihrer Größe und ihres Aufwandes sind Projekte aus der Sicht der jeweiligen Unternehmung zu definieren und ihnen unterliegt in jedem Fall eine Komplexität der Aufgaben, die sich fast immer aus Teilaufgaben zusammensetzen. Der Begriff Projekt wird sogar von dem deutschen

Institut für Normung unter der Nummer 69901 – 5 definiert. Die DIN 69901 Projektmanagement definiert ein Projekt als „Vorhaben, das im Wesentlichen durch die Einmaligkeit der Bedingungen in ihrer Gesamtheit gekennzeichnet ist, wie zum Beispiel Zielvorgabe, zeitliche, finanzielle, personelle und andere Begrenzungen, Abgrenzung gegenüber anderen Vorhaben oder eine projektspezifische Organisation".[1]

Ein Projekt welches sich mit der Informations- und Kommunikationstechnologie auseinandersetzt, wird als IT-Projekt bezeichnet. IT-Projekte zählen heutzutage noch zu einer jungen Disziplin und sind als risikohaft und anspruchsvoll anzusehen, da sie einem sehr kurzen Produktlebenszyklus und einem starken globalen Wettbewerb unterliegen.[2]

Zweifellos besitzen IT-Projekte einige besondere Eigenschaften. Bei IT-Projekten ist es ab einem bestimmten Projektstatus sehr schwierig Projektmitarbeiter auszutauschen, da der Einarbeitungsaufwand die veranschlagten Kosten fast immer übertrifft. Eine standardisierte Vorgehensweise bei diesen Projekten ist möglich, da sich diese Projekte aus oft wiederholenden nahezu gleichen Schritten bestehen.[3] Allgemein lassen sich IT-Projekte durch 7 Merkmale definieren: Komplexität, Fehleranfälligkeit, Beeinflussung von Fehlerzuständen, Organisatorische Auswirkungen, Kommunikation, junge Technologie und Ausbildungsniveau.[4]

2.2 Das IT-Projektmanagement

Tätigkeiten, die das ausführende Arbeiten im Projekt möglich machen, werden als Projektmanagement verstanden. Dabei ist die Aufgabe von Projektmanagern das Koordinieren von Abläufen, Aktivitäten, Personen und Ressourcen, allerdings nicht sich mit der Aufgabenerfüllung im Detail zu befassen.[5] Die Ziele des Projektmanagements sind "das Erreichen der definierten Ergebnisse

---

[1] Vgl. Bea/Scheurer/Hesselmann, 2011, S. 32ff
[2] Vgl. Kammerer/Lang/Amberg, 2012, S. 19 ff und S. 105ff
[3] Vgl. Wieczorrek/Mertens, 2007, S. 9.
[4] Vgl. Streitz, 2004, S. 21f.
[5] Vgl. Kellner, 2001, S. 26.

und die Einhaltung der geplanten Ressourcen (Termine, Mitarbeiter-Kapazitäten und Projekt-Budgets)".[6]

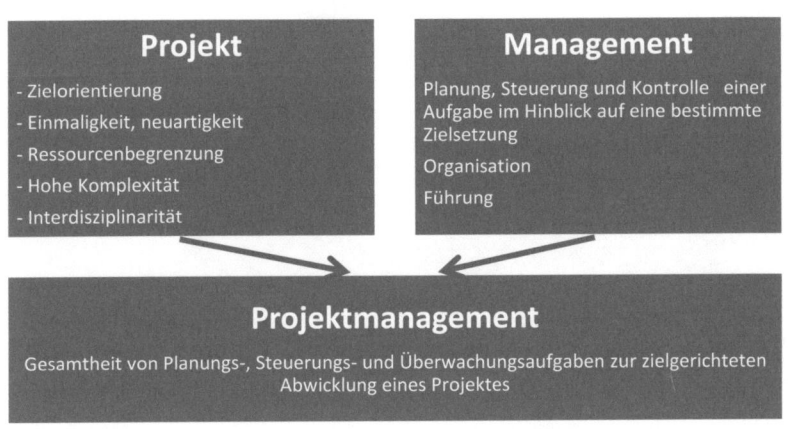

Abbildung 1: Projektmanagement[7]

Hierfür werden professionelle und kompetente IT-Projektmanager benötigt, die über die erforderten Kenntnisse, Verfahren, Prinzipien oder Techniken und Methoden, die in IT-Projekten angewendet werden geschult sind.[8]

3. Steuerung und Kontrolle in IT-Projekten

Im Folgenden sollen ausgewählte Schwerpunktaufgaben des Projektmanagements in IT-Projekten, aber auch in anderen Projekten näher betrachtet werden. Denn eine hohe Qualität kann nur sichergestellt werden, wenn alle Prozesse innerhalb eines Projektes richtig gesteuert und kontrolliert werden.[9]

Im Folgenden wird in Anlehnung an Abbildung 1 zunächst die IT-Projektsteuerung, dann das IT-Projektcontrolling, die IT-Projektkontrolle und abschließend das Berichtswesen kurz angesprochen.

---

[6] Vgl. Winkelhofer, 2005, S. 11.
[7] In Anlehnung an Weigand/Krause, 2011, S. 10
[8] Vgl. Lutz, 1997, S. 10.
[9] Vgl. Klüver/Klüver, 2011, S. 181f.

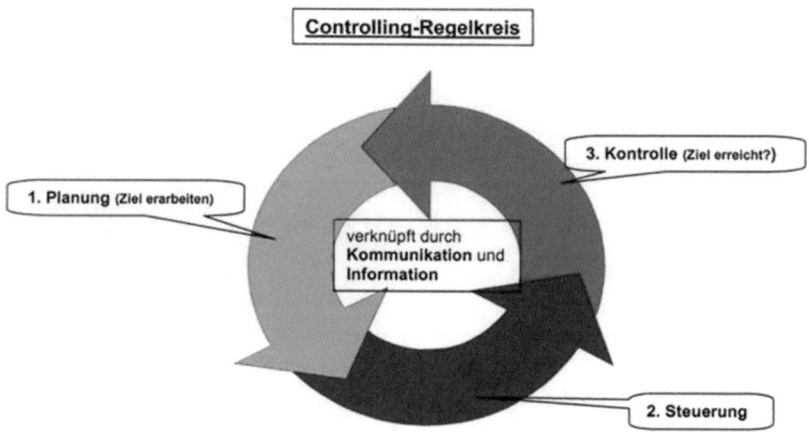

Abbildung 2: Controllingkreislauf[10]

3.1 Die IT – Projektsteuerung

Die Projektsteuerung umfasst die Entscheidungen, die bei der Projektpla-
nungsphase getroffen worden sind. Diese Entscheidungen müssen dann anhand von bestimmten Maßnahmen umgesetzt werden. Die Basis für die Projektsteuerung wird durch die Projektplanung und die Projektkontrolle gebildet.
Die Projektsteuerung ist ein konstanter Prozess, der während der gesamten
Projektlaufzeit läuft. Dabei unterstützt die Projektsteuerung die Festlegung
von Erfolgskriterien und Kenngrößen die Abweichungen erkennen lassen. Des
Weiterem verfolgt und interpretiert er den Projektfortschritt anhand der Pro-
jektpläne. Die Projektsteuerung kann somit Unsicherheiten im Projektverlauf
reduzieren.[11]

Die zu lösenden Steuerungsaufgaben sind vom dem aktuellen Projekt und der
Abweichung abhängig. Sie können in verschiedene projektübergreifende Auf-
gabengruppen eingeteilt werden: Aufgaben zur Überprüfung von festgestellten
Abweichungen; Aufgaben zum Aufdecken der Umstände für Abweichungen;
Aufgaben zum Beeinflussen der Projektabwicklung; Aufgaben zum Beeinflus-

---

[10] Vgl. http://www.wsd-sw.wsv.de/controlling/index.html
[11] Vgl. Blasius, 2004, S. 13.

6

sen der Projektabwicklung; Aufgaben zur Koordination zwischen Auftraggeber und Projektgruppe und zwischen den verschiedenen Arbeitsgruppen.[12]

Durch die Projektsteuerung müssen des Weiteren Maßnahmen zur Beschleunigung, Qualitätsverbesserung, Leistungsoptimierung und Reduzierung der Kosten sichergestellt werden. Für die effiziente Projektsteuerung und -kontrolle sind zusätzlich eine reguläre Erfahrungssicherung und ein aussagefähiges Berichtswesen erforderlich.[13]

3.2 Projektcontrolling

Die Hauptaufgabe des Controllings von IT-Projekten ist, das Projektmanagement bei der Zielerreichung zu unterstützen und das Projekt rechtzeitig positiv auf das Ziel auszurichten. Die permanente Überwachung von Terminen, Kosten und Personalzahlen ermöglicht die frühzeitige Erkennung von Planabweichungen, Schwachstellen und Fehlentscheidungen. Korrekturmaßnahmen können frühzeitig eingeleitet werden. Die Bearbeitung dieser Aufgaben wird ebenfalls beobachtet. Sollten die Abweichungen nicht mehr zu verbessern sein, ist es sinnvoll, die Phasen des Projektes anzugleichen.[14]

Dabei sind diese Aufgaben von der Projektleitung wahrzunehmen. Erst bei komplexeren Projekten ist ein institutionalisiertes Projekt-Controlling notwendig. In diesem Fall wird explizit ein Projekt-Controller eingesetzt, der jedoch meist nicht verantwortlich für die Auswahl und Einleitung der Gegenmaßnahmen ist, sondern das Management lediglich über Fehlentwicklungen informiert und Entscheidungsalternativen aufzeigt. Durch die Mitarbeit eines IT-Controllers im IT-Projektteam kann die Projektleitung von einem Spezialisten entlastet und unterstützt werden.[15] Die Abbildung 2 zeigt exemplarisch Probleme mit typischen Gegenmaßnahmen und den daraus resultierenden Konsequenzen auf:

---

[12] Vgl. Lutz, 1997, S. 43.
[13] Vgl. Wieczorek/Mertens, 2007, S. 186.
[14] Vgl. Gadatsch, 2008, S. 192.
[15] Vgl. Tiemeyer, 2005, S. 196.

Problem	Mögliche Gegenmaßnahmen	Mögliche Konsequenzen
Terminabweichung	Zusätzliche Ressourcen einsetzen Auslastung der vorhandenen Ressourcen erweitern (z.B. Überstunden) Funktionsumfang reduzieren	Budgetüberschreitung Qualität nimmt ab
Budgetüberschreitung	Ressourcen verringern	Terminabweichung
Interpersonelle Konflikte	Moderator einsetzen	
Geforderte Funktionalität	Spezialist hinzuziehen	Budgetüberschreitung

Abbildung 3: Gegenmaßnahmen und Konsequenzen[16]

Um der Projektleitung die Entscheidungsfindung zu erleichtern, dürfen die als Grundlage zur Steuerung dienenden Informationen den Entscheider nicht überfordern. Um sich möglichst schnell einen Überblick verschaffen zu können, werden hochverdichtete Kennzahlen erstellt. Mit ihnen lassen sich komplexe Sachverhalte einfach darstellen. Dabei müssen die Kennzahlen mit einem angemessenen Aufwand erhoben werden können und nützliche Informationen liefern. Zudem ist zu beachten, dass die Kennzahlen auf Grund der kompakten Darstellung der Realität einer korrekten Interpretation bedürfen. Bei der Auswahl der Kennzahlen ist zunächst festzustellen, welche Anforderungen das Kennzahlensystem für den Informationsbedarf erfüllen muss und welche Informationen in welchem Detaillierungsgrad zur Steuerung nötig sind.[17]

In Bezug auf IT-Projekte können die folgenden Kennzahlen sinnvoll sein: Fertigstellungsgrad, Durchschnittliche Anzahl an Projektbeteiligten, Projektkosten pro Mitarbeiter, Projektkosten pro Anwender.[18] Die Kennzahlen sollten regelmäßig überprüft und angepasst werden. Damit lassen sich nicht nur Soll-Ist-Abweichungen feststellen, sondern auch die Qualität des Projektes und der erbrachten Leistungen.[19]

---

[16] Angelehnt an Kitz, 2004, S. 84.
[17] Vgl. Tiemeyer, 2005, S. 132ff.
[18] Vgl. Tiemeyer, 2005, S. 137ff.
[19] Vgl. Tiemeyer, 2005, S. 137ff.

3.3 Die IT-Projektkontrolle

Um dem Projektleiter immer einen aktuellen Stand des Projektfortschritts und des Projektstatus zu geben, ist eine regelmäßige Erfassung nötig. Somit können auftauchende Probleme oder Abweichungen von Kosten oder Terminen rechtzeitig erkannt werden. Dazu ist ein akkurates Projektcontrolling nötig, das neben dem Terminplan und das geplante Budget, auch die Qualität der Leistungserbringung ins Auge fasst.

Kontrollen finden nicht nur während des Projektverlaufes statt, sondern auch nach Abschluss des Projektes. Die Projektabschlusskontrollen dienen der Bewertung des Projektverlaufes und des Projektergebnisses. Weitere Kontrollen finden nach der Produktivsetzung statt, um das Projektergebnis während der Nutzung im Hinblick auf Nutzbarkeit, Qualität und Wirtschaftlichkeit zu beurteilen.

Im deutschsprachigen Raum wird der Fachbegriff der Kontrolle nur dann verwendet, wenn es sich eher um Soll-/Ist-Vergleich von z.B. Kennzahlen handelt. Im Gegensatz dazu wird unter Controlling mehr verstanden. Es gehört zweifelsohne zu den wichtigen Funktionen zur Zielerreichung der Unternehmensführung.

3.4 Berichtswesen

Die Qualität der Informationsbereitstellung ist entscheidend für die Steuerung und Kontrolle der Projekte. Mit einer laufenden Berichterstattung werden die Ergebnisse, die Einhaltung des Budgets und die Termineinhaltung überprüft und veranschaulicht. Die laufende Berichterstattung erfolgt meist in Form von Protokollen, Status- und Zwischenberichten. Protokolle werden dabei eher stichpunktartig erstellt, während Berichte meist ausführlicher formuliert werden. Protokolle dienen dazu einen Verlauf oder Sachverhalt kurz und knapp zu dokumentieren. In der Regel sollten in die Protokolle nur die wichtigsten Erkenntnisse und Meinungsäußerungen aufgenommen werden.[20]

---

[20] Vgl. Kitz, 2004, S. 97.

Die Dokumentation des Projektfortschritts erfolgt in Form von Statusberichten. Sie sollten zu festgelegten Zeitpunkten regelmäßig oder bei besonderen Anlässen erstellt werden und den Projektstatus unverfälscht darstellen. Probleme müssen offen kommuniziert werden, um Korrekturmaßnahmen frühzeitig und basierend auf realistischen Informationen treffen zu können.[21] Empfänger von Zwischenberichten sind insbesondere Projektlenker, die auf Basis der aus den Berichten gewonnenen Informationen Entscheidungen treffen.[22]

4. Case Study

4.1 Kurzcharakterisierung

Zur Erstellung dieses Assignments lag eine Fallstudie der Firma Knoll GmbH vor. Es ist ein Familienunternehmen aus dem Groß- und Einzelhandel für Werkzeugmaschinen. Im Zuge der strategischen Planung beschloss die Geschäftsleitung einen neuen Geschäftsbereich aufzubauen. Dieser Teil war so erfolgreich, das die vorhandene DV-technische Ausstattung nicht mehr den Ansprüchen genügte. Somit taten sich langsam Defizite auf.

Aufgrund der unerwarteten starken positiven Entwicklung des Geschäftsbereiches führte der zunehmende Aufwand zu Wartezeiten, Verzögerungen, Fehlern und Beschwerden der Kunden. Diese Folgen belasteten natürlich die Mitarbeiter und man sorgte sich um den guten Ruf des Unternehmens. Daraufhin beschloss man die Verwaltung durch Beschaffung von Hardware und Beschaffung oder Entwicklung einer speziellen Anwendersoftware schnellstmöglich zu unterstützen. Dieses Vorhaben sollte nun als Beschaffungs- und/oder Softwareentwicklungsprojekt durchgeführt werden, obwohl niemand genug Erfahrungen mit solch einer komplexen Materie besaß.

4.2 Problemlösungsansätze im Fallbeispiel

Zunächst wurde erfolglos nach einer passenden Software auf dem freien Markt gesucht. Man entschloss sich in diesem Fall eine eigene Software zu entwickeln. Man straffte den Zeitplan, um schnellstmöglich eine Software der Geschäftsleitung vorstellen zu können. Ein Ergebnis kam schnell zu Stande,

---

[21] Vgl. Wieczorek/Mertens, 2007, S. 105f. , Gadatsch, 2008, S. 106.
[22] Vgl. Wieczorek/Mertens, 2007, S. 105f. , Gadatsch, 2008, S. 106.

jedoch war die Software nicht ausgereift und es kam zu Systemfehlern oder –
abstürzen. Das gesamte System erfüllte nicht die geforderten Anforderungen.
Die benötigte Hardware wurde schon im Vorfeld angeschafft, überschritt dabei
das geschätzte Budget und der Leiter der Systembetreuung verließ unerwar-
tete das Unternehmen. Dies alles führte zu zeitlichen Verzögerungen und Ein-
stellung eines neuen Leiters der Softwareentwicklung. Mangelnde Dokumentation und Planung erschwerten für ihn die Einarbeitung in das Konzept. Nicht
qualifizierte Mitarbeiter pflegten fehlerhafte Testdaten in das System und ver-
hinderten so unter anderem die Möglichkeit das System weiter zu entwickeln.

4.3 Lösungsansätze aus der Sicht von Kontrolle und Steue-
rung

Gegenstand der Projektkontrolle ist die Erfassung von Istleistung, Istkosten
und Istdauer, deren Vergleich mit dem Plan, die Ursachenanalyse aufgetrete-
ner Abweichungen sowie die Planung von Maßnahmen ist. Neben den Istda-
ten sollten zusätzlich Prognosedaten bereitgestellt werden, um ein voraus-
schauendes Controlling zu ermöglichen. Auch realistische Schätzwerte über
die Projektentwicklung in der Zukunft sind erforderlich (Restaufwand). Dies
hat man in der vorliegenden Case Study so gut wie möglich versucht, jedoch
den Plan entgegen der Bedenken des DV-Entwicklers gestrafft und so den
Zeitdruck erhöht. Keine kleineren Ziele bzw. Meilensteine wurden gesetzt, um
so eine komplexe Materie wie eine Software zu entwickeln. Anhand von Teil-
zielen hätte man frühzeitig Abweichungen festgestellt und dementsprechend
reagieren können.

Um die erbrachte Leistung zu erfassen, kann man die Mitarbeiter befragen.
Zur Prüfung der Plausibilität der Mitarbeiterangaben ist es möglich, den Fort-
schrittsgrad zum Beispiel auch mit Methoden wie 0/50/100 und 0/100 zu er-
mitteln. Für diese Kennzahlen ist ein zwar entsprechender Aufwand nötig,
aber führt zu einer qualifizierteren Aussage als eine lapidare Vorstudie wie im
vorliegenden Fall.

Zusätzlich sind regelmäßige Besprechungen des Leistungsfortschritts sehr
wichtig. Um die Unsicherheit bei der Schätzung des Leistungsstands zu ver-

ringern und die Projektdauer zu reduzieren, ist eine Minimierung von Nacharbeiten anzustreben. Eine wirksame organisatorische Regelung, um einem gravierenden Leistungsverzug bei wichtigen Projekten entgegenzuwirken, ist die Umsetzung von Sofortmaßnahmen.

Das Termin-Trenddiagramm stellt eine sinnvolle Ergänzung des Balkenplans dar. Es zeigt die Veränderung der Plantermine im Zeitablauf und lässt sich anbahnende Terminverzögerungen frühzeitig erkennen. Ein Vergleich von Plan- und Istkosten sagt wenig aus, wenn keine Informationen über den Leistungsfortschritt vorliegen.

5. Schlussbetrachtung

Anscheinend ist das erfolgreiche Abschließen von IT-Projekten nicht selbstverständlich. Steuerung und Kontrolle sind unabdingbar für eine gelungene IT-Projektdurchführung. Ohne eine regelmäßige Erfassung des Projektfortschritts und des Projektstatus können auftretende Probleme oder Abweichungen vom Projektplan nicht rechtzeitig erkannt und an die Projektlenker kommuniziert werden. IT-Projektcontrolling hat die Hauptaufgabe, das Projektmanagement bei der Zielerreichung zu unterstützen und das Projekt rechtzeitig positiv auf das Ziel auszurichten. Die Projektplanung und die Projektkontrolle bilden die Basis für die Projektsteuerung, wobei die Projektsteuerung ein permanenter Prozess ist, der während der gesamten Projektlaufzeit läuft. Für die effiziente Projektsteuerung und -kontrolle sind eine systematische Erfahrungssicherung und ein aussagefähiges Berichtswesen erforderlich.

Im Rahmen der Fallstudie wurde festgestellt, dass sich die Aufgaben von Projektmanagement und IT-Projektmanagement nicht maßgeblich voneinander unterscheiden. Im IT-Projektmanagement müssen die Beteiligten auf die Besonderheiten der IT-Projekte eingehen, deren Methoden und Vorgehensweisen kennen, um Projekte zeitgemäß, in der richtigen Qualität und innerhalb der geplanten Kosten abzuschließen. Dies ist keine grundsätzliche Neuerung gegenüber dem Management anderer Projekte. Der grundsätzliche Aufbau des Projektmanagements mit Steuerung und Kontrolle, ist derselbe.

Viele Mitarbeiter in der IT-Branche werden als Projektleiter für ein Projekt auserkoren, ohne das nötige Hintergrundwissen hierfür zu besitzen. Das heißt, in Ermangelung geeigneter Projektleiter werden Mitarbeitern diese Tätigkeiten übertragen, die keinerlei Erfahrung mit der Leitung eines Projektes, geschweige denn eines IT-projektes besitzen. Und wie diese Fallstudie zeigt, müssen um ein (IT-)Projekt erfolgreich durchzuführen, zumindest Grundkenntnisse des Projektmanagements vorhanden sein.

Das erfolgreiche IT-Projektmanagement bedarf weiterer Analysen und Hilfestellungen. Oftmals werden unvollständige Anforderungen, unklare Ziele, schlechte Planung und Schätzung, unzureichende Projektmanagementmethoden, fehlende Unterstützung des Managements sowie fehlendes Projektplanungs-Know-How als Gründe angegeben. Daraus lässt sich ableiten wie wichtig die nachhaltige Auswahl eines Projektmanagers für eine effiziente Projektdurchführung ist. Die Kompetenz eines qualifizierten Projektmanagers zeichnet sich durch eine sehr ausgeprägte Kontroll- und Steuerungsfähigkeit aus.

Literaturverzeichnis

Ahrendts, F., & Marton, A. (2008). *IT-Risikomanagement leben! Wirkungsvolle Umsetzung für Projekte in der Softwareentwicklung.* Berlin / Heidelberg: Springer Verlag.

Balzert, H. (2008). *Lehrbuch der Softwaretechnik: Softwaremanagement.* Heidelberg: Spektrum Akademischer Verlag.

Bea, F. X., Scheurer, S., & Hesselmann, S. (2011). *Projektmanagement.* Konstanz: UVK Verlagsgesellschaft mbH.

Blasius, I. (2004). *Risikomanagement in Standardsoftwareprojekten: Die Implementierung integrierter betrieblicher Systeme.* Wiesbaden: Deutscher Universitätsverlag.

e.V., D. I. (7. März 2013).

Gadatsch, A. (2008). *Grundkurs IT-Projektcontrolling - Grundlagen, Methoden und Werkzeuge für Studierende und Praktiker.* Wiesbaden: Vieweg + Teubner Verlag.

Gauke, M. (2002). *Risikomanagement in IT-Projekten.* München: Oldenbourg Wissenschaftsverlag.

Heilmann, H., & Schmidt, W. (2003). *IT-Projektmanagement - Fallstricke und Erfolgsfaktoren.* Heidelberg: dpunkt.verlag GmbH.

Kammerer, S., Lang, M., & Amberg, M. (2012). *IT-Projektmanagement Methoden.* Düsseldorf: Symposium Publishing.

Kellner, H. (2001). *Die Kunst, IT-Projekte zum Erfolg zu führen: Ziele – Strategien – Teamleistungen.* München / Wien: Carl hanser Verlag.

Kitz, A. (2004). *IT-Projektmanagement.* Bonn: Galileo Press GmbH.

Lutz, H. (1997). *Management von Informatik-Projekten.* Heidelberg / Berlin: Oldenbourg Verlag.

Portny, S. E. (2011). *Projektmanagement für Dummies.*

Streitz, S. (2004). *IT-Projekte retten: Risiken beherrschen und Schieflagen beseitigen.* München / Wien: Carl Hanser Verlag.

Tiemeyer, E. (2005). *IT-Controlling kompakt.* München: Spektrum Akademischer Verlag.

Weigand, A., & Krause, S. (2011). *Projektmanagement.* Krummesse: ErasmusVerlag.

Wieczorrek, H., & Mertens, P. (2007). *Management von IT-Projekten.* Berlin: Springer-Verlag.

Winkelhofer, G. (2005). *Management- und Projekt-Methoden: Ein Leitfaden für IT, Organisation und Unternehmensentwicklung.* Springer.